D1541116

© Compagnie Saint Ferdinand

Direction éditoriale Ghislaine Deleau
Direction artistique Philippe Martin
avec la collaboration de André Le Blanc
Conseiller technique François d'Arguin
Dépôt légal 1er trimestre 1998
ISBN 2237 00137 - 1

LES LÉGUMES

EDDL

TABLE DES MATIÈRES

LES LÉGUMES

Il faut manger des légumes, c'est bon pour la santé. Qui n'a entendu cette phrase tout au long de son enfance ou ne l'a inlassalablement répétée à ses propres enfants ? A tel point qu'elle est devenue banale et n'est pas toujours suivie d'effet. Alors, comment convaincre jeunes et moins jeunes ? Peut-être en leur montrant que, s'ils sont bons pour la santé, les légumes savent aussi satisfaire les palais les plus difficiles.

Source de vitamines et de sels minéraux

Les légumes frais, riches en fer, en sodium, en soufre, en cuivre et en iode, ainsi qu'en vitamines, pour une teneur en calories souvent relativement faible, peuvent être consommés en grandes quantités, surtout lorsqu'ils sont cuits. Ils jouent en outre un rôle important dans l'équilibre alimentaire par leur apport en substances alcalines qui neutralisent les acides issus du poisson et de la viande.

Les légumes secs (haricots, lentilles, pois chiches) sont riches en vitamines, en sels minéraux (phosphore et fer) et en glucides. Ils contiennent, contrairement aux légumes frais, une importante quantité de protéines, mais ces protéines végétales ne possèdent que le quart de la valeur biologique des protéines animales.

La pomme de terre. : elle a cessé depuis longtemps d'être l'aliment anti-famine que Parmentier a voulu promouvoir en France et occupe une place de choix dans notre alimentation. Elle est riche en vitamines, B et C notamment, en matières énergétiques et en sels minéraux.

Pour conserver leur valeur nutritionnelle, les légumes ne doivent pas cuire trop longtemps mais les modes de cuisson jouent aussi un rôle déterminant. En voici les avantages et les inconvénients :

La cuisson à la vapeur : elle conserve le goût frais des légumes et une grande partie des vitamines. Convient à presque tous les légumes. Avec l'autocuiseur, les pertes sont quasiment nulles car le temps de cuisson se trouve abrégé.

La cuisson à l'eau. : les légumes perdent une bonne partie de leurs vitamines qui se dissolvent dans l'eau. Les légumes seront servis ensuite accompagnés de beurre frais, de sauces ou revenus dans un corps gras dont ils n'absorberont qu'une quantité réduite.

La cuisson à la poêle permet de conserver une bonne partie des vitamines, mais l'absorption de corps gras en quantité relativement importante rend les légumes moins digestes. Peuvent être cuits de cette manière certains légumes riches en eau, endives, champignons, tomates, pommes de terre.

La cuisson sans eau dans des récipients en terre ou en inoxydable conserve tout le goût des légumes mais ceux-ci peuvent perdre leurs vitamines par évaporation. Convient aux légumes riches en eau et nécessite une bonne surveillance pour que les légumes ne brûlent pas.

La cuisson au four à micro-ondes conserve aux légumes leur couleur et leurs qualités nutritives. Les légumes cuisent en général avec très peu de liquide ou de matière grasse et doivent, en principe être découpés en morceaux ou en rondelles, ils cuiront mieux. Il existe des récipients en plastique spéciaux pour la cuisson au micro-ondes : les légumes sont déposés dans un panier placé lui-même dans un récipient contenant un peu d'eau.

La friture confère aux légumes un goût très apprécié mais elle les rend souvent fort indigestes. Certaines précautions sont indispensables. Il ne faut utiliser que des huiles dont la température de décomposition est élevée (huile d'arachide). L'huile doit être renouvelée après 7 ou 8 utilisations. Et il faut, en tout état de cause, éviter de trop la chauffer. Nous vous conseillons d'utiliser une friteuse à thermostat et de ne pas dépasser 180 °.

La cuisson des légumes secs se fait à l'eau avec départ à froid. Certains légumes doivent impérativement être mis à tremper plusieurs heures avant cuisson, faute de quoi il risquent de rester durs. Comptez deux heures environ pour les haricots et les pois cassés, 12 heures pour les pois chiches et les fèves sèches. En principe les lentilles ne nécessitent pas de trempage.

Blanchir un légume, c'est le plonger quelques minutes dans l'eau bouillante avant de procéder à la véritable cuisson, quel qu'en soit le mode. C'est le cas du chou dont on élimine ainsi l'âcreté, des tomates que l'on pèle plus facilement, des pommes de terre avant rissolage pour éviter qu'elles ne diminuent de volume, du poivron, pour le rendre plus digeste.

Ces principes de base de la cuisson des légumes ne sont que le point de départ des innombrables façons de les accommoder, beignets, purées, timbales, soufflés, sans oublier les appareils à quiches et à tartes. Les légumes peuvent aussi bien être servis en accompagnement qu'en entrée. Certaines préparations peuvent même, accompagnées d'une salade, constituer un repas du soir particulièrement digeste. Vous trouverez dans ce petit livre une grande variété de recettes qui vous donneront, nous l'espérons, le goût de cuisiner plus souvent des légumes.

Cuisson 30 minutes environ

Proportions pour 4 personnes

- 1, 5 kg à 2 kg d'asperges vertes
  - 50 g de parmesan râpé
    - 50 g de beurre
      - Sel, poivre du moulin

Asperges à la milanaise

Assez facile **Abordable** **Préparation rapide** **Teneur en calories moyenne** **Un valpolicella**

1 Pelez les asperges avec un couteau économe de façon à enlever la peau. Couper l'extrémité dure de façon à pouvoir consommer les asperges entièrement. Lavez-les à l'eau froide et égouttez-les. Liez les asperges par bottes de 10 unités.

2 Faites bouillir une bonne quantité d'eau salée. Plongez les asperges dans l'eau et, dans la mesure du possible, faites-les cuire debout. Un faitout dans ce cas rend service. Laissez-les cuire pendant 20 à 25 minutes.

3 Egouttez les asperges et disposez-les sur un plat à four pouvant aller sur la table.

4 Saupoudrez les asperges de parmesan râpé, en particulier du côté des pointes.

5 Faites fondre le beurre dans une petite casserole. Dès qu'il est liquide, versez-le sur le fromage râpé.

6 Allumez le gril du four. Dès qu'il est incandescent, placez le plat le plus haut possible. Laissez gratiner pendant quelques minutes sans quitter le plat des yeux. Servez immédiatement.

L'avis du chef

◆ On trouve de plus en plus d'asperges vertes chez les détaillants. A défaut de cette variété, la recette peut être préparée avec des asperges blanches.

◆ Veillez à l'aspect des tiges qui doivent être entières, exemptes d'attaques de rongeurs ou d'insectes.

Cuisson : 20 minutes environ

Proportions pour 6 personnes

◆ 4 courgettes

◆ 2 œufs

◆ 250 g de farine

◆ 2 cuil. à soupe d'huile d'olive

◆ 1 poignée de gros sel

◆ Sel fin

◆ Poivre

◆ 1 bain de friture

Beignets de courgettes

Assez facile

Abordable

Temps de préparation moyen

Teneur en calories moyenne

Un vin rosé de Grèce

1 Épluchez les courgettes à l'aide d'un couteau économe et coupez-les en fines rondelles. Mettez-les dans une passoire et laissez-les dégorger une trentaine de minutes avec une poignée de gros sel.

2 Pendant ce temps, préparez une pâte à beignets : versez la farine dans un saladier, faites un puits et mettez-y les jaunes d'œufs (réservez les blancs), 2 cuillerées à soupe d'huile d'olive, 1 pincée de sel fin. Mélangez le tout en mouillant peu à peu avec 1/4 de litre d'eau. Laissez reposer quelques instants.

3 Quand les rondelles de courgettes ont dégorgé le temps nécessaire, passez-les rapidement sous l'eau pour éliminer le trop-plein de sel et mettez-les à égoutter sur du papier absorbant, sur leurs deux faces. Poivrez-les. Dans une jatte ou un saladier, fouettez les blancs en neige très ferme, de préférence au batteur électrique et incorporez-les délicatement dans la pâte à beignets.

4 Lorsque les rondelles de légumes sont bien sèches, piquez-les une à une avec une fourchette, plongez-les dans la pâte puis dans le bain de friture bouillant. Laissez les beignets gonfler et prendre une belle couleur dorée avant de les sortir avec une écumoire et de les placer à égoutter sur du papier absorbant. Dressez les beignets sur un grand plat de service et servez très chaud.

Cuisson : 1 heure environ

Proportions pour 4 à 5 personnes

- ◆ 1 kg de salsifis
- ◆ 250 g de farine
- ◆ 1 cuil. à soupe d'huile
- ◆ 2 cuil. à soupe de vinaigre
- ◆ 1 œuf + 2 blancs
- ◆ 1 citron
- ◆ Sel, poivre
- ◆ 1 bain de friture

Beignets de salsifis

Assez facile **Abordable** **Préparation un peu longue** **Teneur en calories moyenne** **Un gigondas**

1 Mettez 200 g de farine dans un saladier. Creusez un puits et versez-y la cuillerée à soupe d'huile, l'œuf, une pincée de sel et 3 dl d'eau tiède. Délayez bien la farine dans l'eau pour obtenir une pâte claire. Laissez reposer 2 heures.

2 Pendant ce temps, grattez soigneusement les salsifis, coupez les extrémités et détaillez-les en tronçons de 5 à 6 centimètres. Plongez les légumes dans de l'eau froide légèrement vinaigrée. Laissez tremper quelques instants avant de bien les laver. Égouttez.

3 Dans une grande casserole, délayez 2 bonnes cuillerées de farine dans 2 litres d'eau chaude et ajoutez le jus d'un citron afin de confectionner un blanc. Salez et poivrez. Portez le liquide à ébullition et mettez-y à cuire les salsifis une bonne heure. Puis égouttez-les et laissez-les refroidir.

4 Fouettez les blancs d'œufs en neige très ferme et incorporez-les à la pâte au moment de son utilisation.

5 Trempez les tronçons de salsifis dans la pâte à beignets puis plongez-les au fur et à mesure dans le bain d'huile bouillante. Quand ils sont bien dorés, sortez-les à l'aide d'une écumoire et mettez-les à égoutter sur du papier absorbant.

6 Dressez les beignets chauds sur un plat de service et servez immédiatement.

Cuisson : 30 minutes environ

Proportions pour 4 personnes

- ◆ 1 kg de carottes
- ◆ 1 céleri rave
- ◆ 200 g de crème
- ◆ 4 œufs
- ◆ 1 kg de tomates
- ◆ 1 gousse d'ail
- ◆ 1 oignon
- ◆ Sel, poivre
- ◆ 2 cuil. à soupe d'huile d'arachide

Cake de légumes

Assez facile **Bon marché** **Temps de préparation moyen** **Teneur en calories moyenne** **Un sancerre rouge**

1 Épluchez le céleri, coupez-le en deux et faites-le cuire à l'eau bouillante salée : 30 minutes.

2 Épluchez les carottes, otez la partie dure du centre et faites-les cuire 30 mn à l'eau bouillante salée.

3 Passez les légumes chacun leur tour à la moulinette grille fine. Ajoutez dans chaque purée 2 œufs battus en omelette et 100 g de crème fraîche, salez, poivrez, mélangez soigneusement.

4 Beurrez un moule à cake, déposez au fond des rondelles de carottes et des feuilles de persil. Versez la moitié de la purée de carottes, toute la purée de céleri et finissez par les carottes. Mettez à cuire au bain-marie 45 minutes.

5 Pendant ce temps, préparez une sauce tomate : Plongez vos tomates quelques secondes dans de l'eau bouillante et épluchez-les. Faites fondre un oignon dans 2 cuillerées à soupe d'huile d'arachide. Ajoutez les tomates vidées de leur eau et épépinées, coupées grossièrement. Lorsque toute l'eau est évaporée au bout de 30 minutes environ, mixez-les ou passez au tamis.

6 Lorsque le cake est cuit laissez-le refroidir dans le moule. Démoulez au moment de servir. Servir froid avec la sauce tomate également froide.

L'avis du chef

◆ Utilisez cette recette en variant les mélanges de légumes, par exemple : chou-fleur, brocolis et carottes ou épinards, carottes et navets, etc.

Cuisson : 30 minutes environ

Proportions pour 6 personnes

◆ 600 g de carottes

◆ 1/2 litre d eau environ

◆ 5 g de sel fin

◆ 30 g de sucre

◆ 60 g de beurre

◆ Persil haché

Carottes glacées

| facile | Bon marché | Préparation rapide | Teneur en calories Faible | Un anjou rouge |

1 Lavez, pelez et détaillez les carottes en morceaux réguliers. Les mettre dans une cocotte de fonte. Recouvrir d'eau à hauteur, ajouter sel, sucre et beurre.

2 Posez un papier sulfurisé sur les carottes, bordez le pourtour.

3 Faire cuire à feu doux, cocotte ouverte, jusqu'à cuisson complète des carottes (il faut près d'une heure de cuisson pour de vieilles carottes et environ 30 minutes pour les jeunes).

4 Retirez le papier, faites évaporer l'eau s'il en reste, à feu vif, en faisant rouler les carottes dans leur jus de cuisson.

5 Servir aussitôt saupoudré de persil haché pour accompagner un rôti de veau ou une volaille.

L'avis du chef

◆ Le meilleur résultat est obtenu avec de jeunes carottes rondes, dites " grelots " que l'on laissera entières. On peut néanmoins réussir parfaitement cette garniture avec des carottes longues, mais il faudra les détailler en bâtonnets ou en morceaux très réguliers.

Cuisson : 30 minutes environ

Proportions pour 4 personnes

- ◆ 1 céleri-rave
- ◆ 3 jaunes d'œufs
- ◆ 125 g de beurre
- ◆ 1 cuillerée à soupe de crème fraîche
- ◆ Persil
- ◆ Citrons
- ◆ Sel, poivre

Céleri-rave sauce mousseline

Assez facile **Abordable** **Temps de préparation moyen** **Teneur en calories moyenne** **Un cabernet**

1 Épluchez soigneusement le céleri-rave en éliminant les points noirs et détaillez la boule en tranches d'environ 1 cm d'épaisseur. Mettez le céleri à cuire 30 à 35 minutes à l'eau bouillante salée.

2 Pendant ce temps, mettez 3 jaunes d'œufs dans une petite casserole, ajoutez 1 cuillerée et demie d'eau, salez, poivrez et fouettez le mélange sur feu très doux jusqu'à ce qu'il épaississe. Hors du feu, incorporez le beurre préalablement fondu en continuant de fouetter. Gardez au bain-marie tiède.

3 Quand le céleri est cuit, égouttez-le sur un torchon, puis disposez les tranches sur un long plat de service. Décorez de petits bouquets de persil et de quartiers de citron.

4 Ajoutez à la sauce le jus d'un demi-citron, incorporez 1 bonne cuillerée à soupe de crème fraîche et servez en accompagnement du céleri.

L'avis du chef

◆ Faites revenir dans une casserole un oignon émincé. Mouillez avec un bouillon de volaille, salez et poivrez. Laissez le céleri cuire environ 30 minutes

◆ Variante : une fois que le céleri est cuit, à l'eau ou au bouillon, vous pouvez en faire un soufflé en incorporant le légume réduit en purée à une béchamel ou directement à 3 jaunes d'œufs et de la crème puis en mélangeant avec les blancs d'œufs (voir la recette du soufflé de carottes).

Cuisson : 8 à 10 minutes

Proportions pour 4 personnes

◆ 500 g de cèpes
◆ Vinaigre
◆ 1 cuillerée à soupe d'huile d'olive
◆ 80 g de beurre
◆ 1 citron
◆ 2 échalotes
◆ 1 tasse de mie de pain émiettée
◆ Sel et poivre
◆ 2 cuillerées à soupe de persil frais haché

Cèpes à la bordelaise

Facile

Cher

Préparation rapide

Teneur en calories moyenne

Un saint-Emilion

1. Détachez les pieds des cèpes des chapeaux. Supprimez la base terreuse. Lavez rapidement les cèpes à l'eau vinaigrée. Épongez-les dans du papier absorbant. Essuyez soigneusement les têtes à l'aide d'un linge fin ou d'un papier absorbant.

2. Dans une sauteuse, mettez à chauffer l'huile d'olive et 30 g de beurre. Faites-y rissoler les têtes et les pieds des cèpes, à feu assez vif, en remuant souvent et en surveillant constamment pendant 2 à 3 minutes. Arrosez-les d'un filet de jus de citron.

3. Egouttez les cèpes. Partagez les têtes en lamelles épaisses. Hachez grossièrement les pieds des cèpes et les échalotes.

4. Remettez 50 g de beurre dans la sauteuse et faites colorer les lamelles de cèpes, toujours à feu vif. Ajoutez alors les pieds des cèpes et les échalotes hachées, la mie de pain émiettée, du sel et du poivre. Poursuivez la cuisson pendant 3 à 4 minutes, à feu moyen.

5. Présentez dans un plat de service chaud et creux. Parsemez de persil frais haché et servez aussitôt.

L'avis du chef

◆ En raison du prix élevé des cèpes, il est difficile de les préparer en grande quantité. Pour compenser, servez en même temps des pommes de terre risso-lées et persillées, qui s'associent parfaitement avec les cèpes.

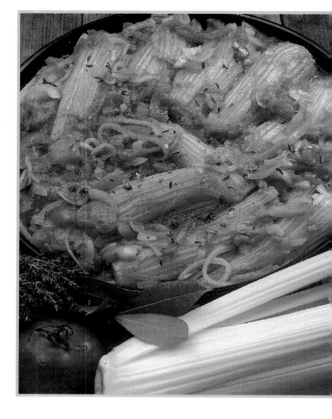

Cuisson : 1 heure 30

Proportions pour 6 personnes

- ◆ 1 kg de céleri
- ◆ 4 tomates
- ◆ 1 gros oignon
- ◆ 1 jus de citron
- ◆ 2 gousses d'ail
- ◆ 2 cuil. à café de conc. de tomates
- ◆ 2 verres de vin blanc sec
- ◆ 1/2 verre d'huile d'olive
- ◆ Thym, laurier ◆ Sel, poivre

Cœurs de céleri marinés

Assez facile

Abordable

Préparation un peu longue

Teneur en calories élevée

Un cabernet d'Anjou

1 Coupez le haut des tiges pour ne conserver que les cœurs de céleri. Sectionnez les racines au ras. Epluchez soigneusement les grosses côtes avec un couteau économe. Lavez les légumes.

2 Faites blanchir les cœurs de céleri 15 minutes dans de l'eau bouillante salée.

3 Plongez quelques instants les tomates dans de l'eau bouillante, pelez-les, ôtez les pépins et concassez-les.

4 Pelez l'oignon et les gousses d'ail. Détaillez l'oignon en rondelles, pilez l'ail dans un mortier.

5 Faites chauffer l'huile dans une casserole et jetez-y les tomates, les oignons, l'ail pilé. Mouillez avec 2 bons verres de vin blanc, ajoutez un peu de thym et de laurier. Salez et poivrez, remuez bien le tout et laissez cuire à couvert.

6 Quand les cœurs de céleri ont cuit le temps nécessaire, égouttez-les puis plongez-les dans la sauce. Laissez cuire 1 h 15 et découvrez le récipient en fin de cuisson afin que la sauce réduise convenablement.

7 Laissez refroidir les cœurs de céleri dans la sauce, versez le tout dans un plat creux et laissez mariner les légumes 24 heures avant de consommer.

Cuisson : 1 h 20 environ

Proportions pour 4 personnes

◆ 1 kg de cœurs de fenouil
◆ 4 belles tomates
◆ 3 gousses d'ail
◆ 1/2 verre d'huile d'olive
◆ 150 g de gruyère râpé
◆ Thym, laurier
◆ Sel, poivre.

Cœur de fenouil gratinés

| Assez facile | Abordable | Préparation assez longue | Teneur en calories Faible | Un gamay |

1 Ôtez les feuilles jaunies ou abîmées des cœurs de fenouil, sectionnez au ras du trognon et des branchettes et mettez-les à cuire 1 heure à l'eau bouillante salée, récipient couvert.

2 Pendant ce temps, plongez les tomates dans de l'eau bouillante quelques secondes, puis épluchez-les et concassez-les grossièrement.

3 Quand les cœurs de fenouil ont cuit le temps indiqué, égouttez-les soigneusement, pressez-les légèrement pour en faire sortir un maximum d'eau et coupez-les en deux.

4 Disposez les demi-cœurs de fenouil dans un plat allant au four, ajoutez la purée de tomates fraîches, agrémentez des gousses d'ail pilées et d'un peu de thym et de laurier émiettés, poivrez, versez un bon filet d'huile sur le tout et parsemez avec le gruyère râpé. Laissez environ 20 minutes à four chaud. En fin de cuisson, donnez un coup de gril pour bien colorer le gratin. Servez dans le plat de cuisson.

L'avis du chef

◆ Pour éliminer les toxines (contenues dans tout légume à bulbe), faites blanchir les fenouils en les jetant dans une grande quantité d'eau bouillante. Jetez celle-ci au bout de 7 mn. Plongez alors les légumes dans une nouvelle eau bouillante salée (ou on les cuit à la vapeur) ; 1/2 h de cuisson suffit.

Cuisson : 1 heure environ

Proportions pour 8 personnes

- ◆ 2 kg de courgettes
- ◆ 3 oignons
- ◆ 100 g de beurre
- ◆ 2 cuil. à soupe d'huile
- ◆ 2 citrons
- ◆ 3 cuil. à soupe de sucre
- ◆ 1/2 cuil. à café de paprika
- ◆ 4 cuil. à soupe de crème
- ◆ Sel, poivre

Courgettes confites

Facile — **Abordable** — **Temps de préparation moyen** — **Teneur en calories moyenne** — **Un tavel**

1 Grattez les courgettes. Coupez-les en rondelles d'un centimètre d'épaisseur. Pelez les oignons, coupez-les en petits dés.

2 Dans une grande sauteuse, faites revenir le tout dans un mélange d'huile et de beurre. Surveillez la cuisson, et faites sauter les légumes pour qu'ils dorent régulièrement, sans attacher au fond de la sauteuse. Saupoudrez de sucre et cuisez 1 minute encore.

3 Baissez le feu, ajoutez le jus du citron, le paprika, salez et poivrez. Couvrez et cuisez à feu très doux 45 minutes environ.

4 Au moment de servir, réduisez le jus de cuisson à feu vif, il ne doit en rester qu'un filet. Ajoutez la crème et retirez du feu dès la reprise de l'ébullition. Servez chaud avec une viande rôtie.

L'avis du chef

◆ On trouve des courgettes pratiquement toute l'année. Toutefois, elles sont moins chères à la pleine saison de production française, c'est-à-dire en été. Choisissez-les de forme allongée, non ventrues, fermes et lourdes à la main. Le poids idéal se situe entre 200 et 300 g.

Cuisson : 20 minutes

Proportions pour 5 à 6 personnes

◆ 4 courgettes
◆ 4 tomates
◆ 1 oignon
◆ 1 gousse d'ail
◆ 1 verre de vin blanc sec
◆ 1 citron
◆ 1 noix de conc. de tomates
◆ 4 cuil. à soupe d'huile
◆ Thym, laurier
◆ Sel, poivre

Courgettes en sauce tomate

Assez
acile

Bon
marché

Temps de
préparation
moyen

Teneur en
calories
Faible

Un côte
de
Provence

1 Pelez les courgettes et détaillez-les en rondelles d'environ 1 cm d'épaisseur. Faites chauffer un peu d'huile dans une sauteuse et mettez-y les courgettes à dorer ur feu moyen.

2 Pendant ce temps, plongez les tomates quelques instants dans de l'eau bouillante, épluchez-les et concassez-les grossièrement. Épluchez l'oignon et hachez-le finement.

3 Quand les rondelles de courgettes ont pris couleur des deux côtés, ajoutez la purée de tomates fraîches, e hachis d'oignons, la gousse d'ail pilée. Mouillez avec e vin blanc dans lequel vous aurez délayé un peu de concentré de tomates, aromatisez d'un peu de thym et de aurier, salez, poivrez et laissez mijoter à découvert 15 à 20 minutes.

4 En fin de cuisson, ajoutez un jus de citron, puis versez le contenu de la sauteuse dans un plat de service reux. Laissez refroidir avant de servir.

L'avis du chef

◆ Ce plat est délicieux à consommer glacé. Après qu'il ait refroidi, il faut le laisser un bonne demi-heure dans la partie haute du réfrigérateur.

Cuisson : 50 minutes environ

Proportions pour 6 personnes

◆ 150 g de parmesan
◆ 1/2 litre de lait
◆ 600 g de pommes de terre
◆ 80 g de beurre ◆ 30 g de farine
◆ 6 œufs
◆ 100 g de chapelure
◆ Noix de muscade râpée
◆ 1 cuil. à soupe de crème fraîche
◆ Sel, poivre ◆ 1 bain de friture

Croquettes de pommes de terre

| Assez facile | Abordable | Temps de préparation moyen | Teneur en calories élevée | Un valpolicella |

1 Mettez à cuire les pommes de terre 20 minutes à l'eau bouillante salée. Puis épluchez-les et écrasez-les en purée.

2 Faites fondre 80 g de beurre dans une casserole, ajoutez la farine en pluie et laissez 2 à 3 minutes sur feu doux en tournant à la cuiller de bois.

3 Mélangez au lait la purée de pommes de terre et versez cette préparation sur le roux blanc. Incorporez hors du feu 1 œuf entier et 3 jaunes, le parmesan râpé, un peu de noix de muscade râpée. Salez, poivrez, remuez soigneusement le tout et coulez la préparation sur une plaque. Laissez refroidir complètement. Découpez des bâtonnets dans la pâte de la dimension d'un doigt.

4 Battez 2 œufs entiers dans un plat creux et étalez la chapelure sur une assiette. Passez un à un les bâtonnets dans l'œuf battu puis roulez-les dans la chapelure. Plongez les bâtonnets dans le bain de friture bouillant, laissez-les 3 à 4 minutes, le temps de dorer, sortez-les à l'aide d'une écumoire et mettez-les à égoutter sur du papier absorbant.

5 Disposez les croquettes sur un plat de service garni de petits bouquets de persil et servez.

L'avis du chef

◆ À défaut de trouver du parmesan à la coupe à râper soi-même, sachez que tous les rayons " épicerie " proposent du parmesan râpé en sachets.
◆ Cette recette peut également être réalisée avec de l'emmenthal.

Cuisson : 1 heure 15 à 1 heure 30

Proportions pour 6 personnes

◆ 12 endives

◆ 50 g de beurre

◆ 2 cuil. à café de jus de citron

◆ 2 cuil. à café de sucre en poudre

◆ Sel, poivre

◆ 1 feuille de papier sulfurisé

Endives braisées

Facile

Bon marché

Préparation rapide

Teneur en calories moyenne

Un côtes-du-Rhône

1 Lavez rapidement sans faire tremper et essuyez les endives. Eliminez les feuilles extérieures si elles sont abîmées. Avec un couteau pointu, ôtez un cône au pied de chaque endive.

2 Dans une cocotte, mettre 1/3 du beurre. Disposez dessus 3 endives... Ajoutez sel, poivre et 1 cuillerée à café de sucre et de jus de citron. Mettre un peu de beurre. Disposez les 3 autres endives, salez, poivrez, sucrez et citronnez à nouveau. Mettre le reste du beurre et d'endives.

3 Recouvrir de papier sulfurisé, en bordant les endives, couvrir.

4 Posez sur feu extrêmement doux. Les endives doivent peu à peu rendre leur eau de constitution et devenir très moelleuses. La cuisson doit être réglée au minimum pour que les endives cuisent sans caraméliser.

5 Quand elles sont très tendres (plus d'une heure) ôtez couvercle et papier et laissez évaporer le jus de cuisson. Servez avec du persil haché.

L'avis du chef

◆ Cette recette est savoureuse mais un peu longue. Pour une cuisson plus rapide (et plus diététique), les légumes se feront cuire environ 30 minutes à l'eau bouillante salée avec une goutte de citron, et une pincée de sucre pour en atténuer l'amertume.

Cuisson : 40 minutes

Proportions pour 6 personnes

◆ 1,5 kg d'épinards

◆ 2 Saint-Marcellin bien frais

◆ 3 œufs

◆ 5 cuil. à soupe d'huile

◆ 100 g de gruyère râpé

◆ Sel, poivre

Épinards en gratin

facile

Abordable

Temps de préparation moyen

Teneur en calories moyenne

Un sancerre

1 Lavez soigneusement les feuilles d'épinards à plusieurs eaux, triez-les et éliminez celles jaunies ou flétries. Ôtez le plus gros des queues et plongez le légume dans l'eau bouillante salée. Laissez cuire à découvert 5 minutes après la reprise de l'ébullition.

2 Passé ce temps, égouttez les épinards et pressez-les fortement entre vos mains afin d'en retirer le maximum d'eau.

3 Écrasez les Saint-Marcellin dans un grand saladier, ajoutez les œufs battus, l'huile, salez légèrement, poivrez et versez les épinards dans cette préparation. Mélangez soigneusement le tout.

4 Versez cette préparation dans un plat à gratin, parsemez de gruyère râpé et mettez à cuire 20 à 25 minutes à four chaud. En fin de cuisson, allumez le gril afin de gratiner convenablement le gruyère. Servez dans le plat de cuisson.

L'avis du chef

◆ Vous pouvez bien entendu utiliser des épinards surgelés. Choisissez de préférence des épinards en branches.

◆ Cette recette sera encore plus savoureuse si l'on ajoute quelques feuilles d'oseille hachées aux épinards.

Cuisson : 1 heure

Proportions pour 5 à 6 personnes

◆ 1,5 kg de poireaux

◆ 250 g de farine

◆ 200 g de beurre

◆ 2 œufs entiers

◆ 2 jaunes d'œufs

◆ 120 g de crème fraîche

◆ Sel, poivre

Flamiche

Facile	Abordable	Temps de préparation moyen	Teneur en calories élevée	Un brouilly

1 Eliminez la majeure partie des feuilles vertes des poireaux, fendez-les en quatre (à 4-5 cm de la base). Passez-les à l'eau courante, séchez-les. A l'aide d'un petit couteau bien affûté, détaillez-les en petits tronçons.

2 Faites fondre doucement 60 g de beurre dans une cocotte et jetez-y les légumes. Laissez-les suer quelques minutes à découvert, puis couvrez le récipient et prolongez la cuisson 20 à 25 minutes.

3 Pendant ce temps, préparez la pâte : mélangez dans un saladier la farine et 125 g de beurre préalablement ramolli. Ajoutez 2 œufs entiers, 1/2 verre d'eau et une pincée de sel. Pétrissez soigneusement.

4 Etalez la pâte au rouleau en lui donnant une dimension suffisante pour qu'elle déborde le moule à tarte de 5 à 6 cm. Beurrez le moule et garnissez-le de la pâte en laissant celle-ci dépasser tout autour. Piquez le fond à la fourchette en divers endroits.

5 Lorsque les poireaux sont cuits, ôtez le récipient du feu, salez, poivrez et incorporez aux légumes 1 jaune d'œuf et la crème fraîche. Mélangez soigneusement.

6 Versez cette préparation sur la pâte en rabattant les bords sur les poireaux.

7 Battez un jaune d'œuf à la fourchette, badigeonnez-en la portion de pâte rabattue et faites cuire à four chaud (environ 220°) une trentaine de minutes. Servez bien chaud.

Cuisson : 60 minutes environ

Proportions pour 6 personnes

- ◆ 150 g de carottes
- ◆ 150 g de navets
- ◆ 150 g de haricots verts
- ◆ 240 g de farine ◆ 180 g de beurre
- ◆ 1 cuil. à soupe d'huile
- ◆ 1/3 litre de lait
- ◆ 100 g de gruyère râpé
- ◆ Sel, poivre

Flan aux trois légumes

**Assez
facile**

Abordable

**Temps de
préparation
moyen**

**Teneur en
calories
Faible**

**Un
Traminer**

1 Faites un puits avec 200 g de farine et mettez 100 g de beurre en parcelles, 1 cuillerée à soupe d'huile, 1/2 verre d'eau et 1 pincée de sel. Mélangez bien le tout, pétrissez avec les doigts. Puis formez la pâte en boule, farinez-la et laissez-la reposer.

2 Préparez les légumes et détaillez-les en petits morceaux. Mettez-les à cuire à l'eau bouillante salée une dizaine de minutes. Égouttez-les et passez-les à la poêle 2 à 3 minutes dans une noix de beurre.

3 Étalez la pâte au rouleau et garnissez-en un moule à tarte préalablement beurré. Tapissez le tout de papier d'aluminium pour éviter que les bords ne s'affaissent et mettez à cuire à four chaud (environ 220°) 15 minutes.

4 Préparez une béchamel en faisant fondre 60 g de beurre dans une casserole. Ajoutez 30 g de farine, laissez cuire quelques instants sur feu doux en remuant à la cuiller de bois, puis versez le lait peu à peu. Salez, poivrez et laissez cuire doucement 5 minutes sans cesser de tourner. En fin de cuisson, incorporez la moitié du gruyère râpé, puis ôtez le récipient du feu.

5 Versez sur la pâte une partie de la béchamel, puis les légumes, et recouvrez du restant de la sauce. Parsemez avec le reste du gruyère râpé et mettez à gratiner à four chaud (environ 220°) 10 minutes. Servez.

Cuisson : 1 heure

Proportions pour 6 personnes

- 5 artichauts
- 100 g d'oseille
- 125 g de roquefort
- 2 cuil. à soupe de crème fraîche
- 100 g de gruyère râpé
- 1 noix de beurre
- 1 verre de vin blanc
- Laurier
- Sel, poivre

Fonds d'artichauts au gratin

| Facile | Abordable | Préparation un peu longue | Teneur en calories élevée | Un sancerre |

1 Disposez les artichauts dans le fond d'une grande cocotte, ajoutez le vin blanc, mouillez avec juste ce qu'il faut d'eau pour baigner les cœurs. Aromatisez d'une feuille de laurier, salez au gros sel et laissez cuire à découvert une quarantaine de minutes.

2 Triez les feuilles d'oseille, éliminez celles jaunies ou flétries et hachez finement ce légume.

3 Faites fondre une noix de beurre dans une petite poêle et jetez-y le hachis d'oseille à suer quelques minutes sur feu doux en remuant de temps en temps à la cuiller de bois.

4 Écrasez le roquefort à la fourchette, mélangez-lui la crème fraîche et hors du feu, ajoutez cette préparation au hachis d'oseille. Salez très légèrement et poivrez.

5 Quand les artichauts ont cuit le temps convenable, débarrassez-les des feuilles et de la barbe, retaillez légèrement le dessous, et répartissez la préparation au roquefort sur les fonds. Disposez les fonds d'artichauts sur un plat allant au four, parsemez-les d'un peu de gruyère râpé et mettez à gratiner à four chaud quelques minutes. Servez immédiatement.

L'avis du chef

◆ Afin que la préparation au roquefort imprègne bien les cœurs d'artichauts, incisez ceux-ci légèrement à la pointe d'un couteau.

Cuisson : 40 minutes environ

Proportions pour 6 personnes

- ◆ 1 kg de pommes de terre
- ◆ 150 g de poitrine fumée
- ◆ 1 verre de lait
- ◆ 2 cuillerées à soupe de crème fraîche
- ◆ 1 noix de beurre
- ◆ 2 jaunes d'œufs
- ◆ 75 g de gruyère râpé
- ◆ 1 pointe d'estragon
- ◆ Sel, poivre

Galette de pommes de terre

| acile | Abordable | Temps de préparation moyen | Teneur en calories élevée | Un corbières |

Épluchez les pommes de terre et mettez-les à cuire 20 minutes à l'eau bouillante salée.

Détaillez la poitrine fumée en dés et mettez-les à revenir quelques minutes à la poêle avec une noix de beurre.

Quand les pommes de terre sont cuites, égouttez-les soigneusement et réduisez-les en purée dans un sala-lier. Mouillez avec le lait et incorporez la crème fraîche, es jaunes d'œufs, les lardons avec la graisse de cuisson et le gruyère râpé. Salez, poivrez, agrémentez d'une ointe d'estragon en poudre et mélangez bien le tout our obtenir une préparation homogène.

Enduisez de beurre un moule à hauts bords et garnis-sez-le de la préparation. Mettez à cuire environ 20 minutes à four très chaud (plus de 220°). Servez dans e moule de cuisson.

L'avis du chef

◆ Il est inutile, pour la réalisation de cette recette d'utiliser des pommes de terre assez coûteuses telles les:

" BF 15 " ou les " roseval ". La variété ordinaire

" bintje ", peu recommandée pour les pommes de terre frites, convient parfaitement pour la confection de purées.

- Pour une purée de grande qualité, faites cuire les pommes de terre à la vapeur, elles absorberont moins d'eau.

Cuisson : 50 minutes environ

Proportions pour 4 à 5 personnes

- ◆ 1 chou-fleur
- ◆ 250 g de fromage blanc
- ◆ 40 g de beurre
- ◆ 2 cuil. à soupe de farine
- ◆ 50 g de gruyère râpé
- ◆ 4 jaunes d'œufs
- ◆ Noix de muscade râpée
- ◆ 1 cuil. à soupe de vinaigre
- ◆ Sel, poivre

Gâteau au chou-fleur

**ssez
acile**

Abordable

**Temps de
préparation
moyen**

**Teneur en
calories
élevée**

**Un vin de
l'Hérault**

Détachez les petits bouquets de chou-fleur, laissez-les tremper 15 minutes environ dans une eau additionnée 'un peu de vinaigre.

Mettez le légume à cuire dans une grande casserole d'eau salée pendant 25 minutes. Quand le chou-fleur st cuit, égouttez-le, puis passez-le à la moulinette ou nieux au mixer.

Faites fondre 20 g de beurre dans une petite cassero-le, sur feu doux, puis ajoutez la farine. Tournez à la uiller de bois en évitant que la farine prenne couleur, uis incorporez peu à peu le fromage blanc. Continuez à emuer quelques minutes, hors du feu. Salez, poivrez.

Incorporez à ce mélange la purée de chou-fleur, le gruyère râpé, les jaunes d'œufs, un peu de muscade âpée. Mélangez bien le tout et remettez le récipient sur eu doux quelques minutes.

Beurrez légèrement un moule à soufflé, versez-y la préparation et placez le moule dans un récipient plus grand rempli d'eau. Mettez le tout à cuire 20 minutes au our, au bain-marie. Servez dès la sortie du four.

L'avis du chef

◆ Vous obtiendrez une saveur plus délicate si vous faites cuire les choux-fleur à la vapeur en les pou-drant de sel. Et ajoutez à la purée, avant cuisson, un hachis de cerfeuil et de ciboulette.

Cuisson : 50 minutes environ

Proportions pour 5 à 6 personnes

- 1 kg d'aubergines
- 4 œufs
- 1 gousse d'ail
- 1 noix de beurre
- 2 cuil. à soupe d'huile
- 50 g de gruyère râpé
- Cerfeuil, ciboulette
- Sel, poivre

Gratin d'aubergines

Facile

Abordable

Temps de préparation moyen

Teneur en calories faible

Un vin de Corse

Mettez les aubergines à cuire sur une grille 30 à 35 minutes à four chaud (environ 220°).

Quand les aubergines sont cuites à cœur, épluchez-les soigneusement et réduisez-les en purée.

Mettez cette purée dans un grand saladier, salez, poivrez et ajoutez un peu de beurre et d'huile, les œufs battus en omelette, la gousse d'ail pilée, un fin hachis de ciboulette et de cerfeuil. Mélangez très soigneusement le tout.

Garnissez de cette préparation un plat beurré allant au four, parsemez de gruyère râpé et mettez à gratiner 15 à 20 minutes à four chaud (environ 220°). Servez immédiatement dans le plat de cuisson.

L'avis du chef

◆ Pour alléger ce gratin, modifiez le point 3 de la façon suivante: mélangez à la purée d'aubergines d'abord les jaunes d'œufs puis les autres ingrédients. Battez ensuite les blancs en neige très ferme et incorporez-les doucement à la préparation. Reprenez au point 4.

Cuisson : 25 minutes environ

Proportions pour 4 personnes

- ◆ 1 kg de courgettes
- ◆ 3 tomates
- ◆ 6 échalotes
- ◆ 3 gousses d'ail
- ◆ 1 noix de beurre
- ◆ 2 cuillerées à soupe d'huile d'olive
- ◆ 125 g de gruyère râpé
- ◆ Sel, poivre

Gratin aux courgettes

| acile | Abordable | Temps de préparation moyen | Teneur en calories moyenne | Un vin du Languedoc |

Pelez les courgettes et détaillez-les en rondelles. Faites fondre 1 belle noix de beurre dans une cocotte et mettez-y les légumes à blondir sur feu moyen. Salez, poivrez et laissez ainsi cuire une dizaine de minutes en remuant de temps en temps à la cuiller de bois.

Pendant ce temps, plongez les tomates quelques instants dans de l'eau bouillante, épluchez-les et concassez-les grossièrement.

Quand les courgettes ont pris couleur, ajoutez la purée de tomates, les échalotes finement hachées, les gousses d'ail pilées et 2 cuillerées à soupe d'huile d'olive. Couvrez le récipient et laissez mijoter 10 minutes.

Passé ce temps, versez le contenu de la cocotte dans un plat à gratin, salez et poivrez légèrement et parsemez le plat de gruyère râpé. Mettez sous le gril quelques minutes, le temps de gratiner convenablement. Servez aussitôt dans le plat de cuisson.

L'avis du chef

◆ Variante : limitez les tomates à 1 seule, ajoutez 4 jaunes d'œufs au mélange, assaisonnez de 4 épices. Incorporez les 4 blancs battus en neige ferme, parsemez de gruyère, arrosez d'un filet d'huile d'olive et faites gratiner 15 minutes.

Cuisson : 30 minutes environ

Proportions pour 6 personnes

◆ 1 kg de navets nouveaux

◆ 50 g de beurre

◆ 1 cuil. à soupe de sucre

◆ 1 cuil. à soupe de moutarde

◆ Sel, poivre

Navets glacés

Assez facile

Bon marché

Préparation rapide

Teneur en calories moyenne

Un côtes-de-Bourg

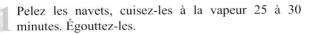

1. Pelez les navets, cuisez-les à la vapeur 25 à 30 minutes. Égouttez-les.

2. Faites fondre le beurre dans une sauteuse. Mettez-y les navets, salez et poivrez, puis faites-les sauter pour bien les enrober de beurre.

3. Saupoudrez de sucre et secouez la sauteuse quelques instants à feu vif pour caraméliser les navets.

4. Maintenez au chaud dans la sauteuse couverte posée sur un diffuseur.

5. Au moment de servir, délayez la moutarde dans 1 cuillerée à soupe d'eau, puis versez sur les navets. Secouez la sauteuse pour bien les enrober.

6. Servez avec un rosbif ou toute autre viande rôtie ou poêlée.

L'avis du chef

◆ Les navets peuvent réserver de mauvaises surprises, certains vieux légumes ont parfois tendance à devenir fibreux et restent durs à la cuisson. Préférez donc les petits navets nouveaux, plus tendres et que vous ferez cuire entiers. A noter qu'au printemps, ils sont vendus en bottes, avec leurs feuilles.

Cuisson : 30 minutes environ

Proportions pour 4 personnes

◆ 250 g d'épinards

◆ 125 g de beurre

◆ 5 œufs

◆ 150 g de farine

◆ 75 g de gruyère râpé

◆ Sel, poivre

Petits choux aux épinards

Difficile

Abordable

Temps de préparation moyen

Teneur en calories moyenne

Un sancerre

1 Triez les feuilles d'épinards, éliminez les queues, lavez soigneusement le légume, séchez-le dans un torchon et hachez grossièrement les feuilles.

2 Faites fondre une noix de beurre dans une poêle et mettez-y le hachis de légumes à suer une dizaine de minutes sur feu très doux, en remuant de temps en temps à la cuiller de bois. Salez légèrement et poivrez.

3 Versez un quart de litre d'eau dans une casserole. Ajoutez 80 g de beurre en parcelles, une pincée de sel et portez à ébullition. Ôtez alors le récipient du feu et ajoutez la farine en une seule fois. Mélangez vivement à la spatule de bois pour obtenir une pâte homogène. Mettez sur feu doux 2 minutes en tournant constamment la préparation afin qu'elle dessèche. Hors du feu, incorporez, un à un, 4 œufs entiers.

4 Prélevez des noix de pâte à l'aide d'une cuiller et disposez-les sur une plaque de four préalablement beurrée. Badigeonnez-les avec un jaune d'œuf battu et mettez à cuire 20 minutes à four chaud.

5 Pendant ce temps, mélangez le hachis d'épinards avec 75 g de gruyère râpé pour obtenir une préparation homogène.

6 Quand les choux sont cuits, incisez-les largement, pratiquez une cavité avec vos doigts, et fourrez-les de la préparation aux épinards. Mettez à four moyen 7 à 8 minutes. Dressez les petits choux sur un plat de service et servez aussitôt.

Cuisson : 50 minutes environ

Proportions pour 6 personnes

- 500 g de carottes
- 500 g de poireaux
- 30 g de beurre ◆ 20 g de farine
- 1 verre de lait écrémé
- 1 bloc de pâte feuilletée surgelée
- 2 jaunes d'œufs
- Cerfeuil
- Sel, poivre

Petits pâtés aux légumes

Facile	Abordable	Temps de préparation moyen	Teneur en calories moyenne	Un bordeaux clairet

1 Epluchez les carottes et coupez-les en rondelles fines. Ôtez les feuilles vertes des poireaux pour ne conserver que les blancs, lavez-les et détaillez-les en tronçons.

2 Mettez ces légumes à cuire à l'eau bouillante salée 20 à 25 minutes.

3 Passé ce temps, égouttez-les soigneusement et réduisez-les en purée à la moulinette.

4 Faites fondre 30 g de beurre dans une casserole, ajoutez la farine en pluie et laissez cuire quelques instants à feu doux en tournant à la cuiller de bois. Puis mouillez avec le lait écrémé, battez légèrement au fouet et laissez le mélange épaissir quelques minutes.

5 Incorporez cette sauce dans la purée de légumes, ajoutez 2 jaunes d'œufs, un fin hachis de cerfeuil. Salez légèrement, poivrez.

6 Lorsque la pâte feuilletée est prête à l'emploi, étalez-la et découpez des rectangles d'environ 10 cm x 14. Déposez sur la moitié de chaque rectangle, en répartissant, la farce aux légumes, puis repliez en deux en soudant soigneusement les bords du bout des doigts légèrement mouillés.

7 Disposez ces préparations sur une plaque de four et mettez à cuire 20 minutes à four moyen. Servez dès la sortie du four.

Cuisson : 40 minutes environ

Proportions pour 4 personnes

- 1 kg de petits pois frais en gousses
- 10 petits oignons nouveaux
- 1 cœur de laitue
- 50 g de beurre
- 4 morceaux de sucre
- Sel, poivre
- 3 brins de persil
- 1 brin de thym
- Quelques feuilles de menthe fraîche

Petits pois à la menthe

Facile

Bon marché

Préparation rapide

Teneur en calories élevée

Un chinon

1 Écossez les petits pois. Épluchez les oignons. Épluchez la laitue, lavez-la puis coupez-la en chiffonnade.

2 Hachez le persil. Dans une cocotte, faites fondre doucement le beurre. Lorsqu'il mousse, ajoutez les petits pois et les oignons. Faites étuver 2 minutes, puis ajoutez le persil, le thym, le sel, le poivre, le sucre et un verre d'eau. Mélangez.

3 Répartissez la laitue à la surface, couvrez et laissez-mijoter jusqu'à ce que les petits pois soient tendres (30 à 35 minutes).

4 Lavez, séchez et hachez la menthe. Ajoutez-la aux petits pois et faites-la cuire encore 5 minutes. Servez chaud.

L'avis du chef

◆ La menthe n'est pas indispensable mais elle apporte une saveur piquante et fraîche qui se marie parfaitement avec le goût des petits pois.

◆ Hors saison, cette recette peut être réalisée avec des petits pois surgelés.

Cuisson : 1 heure environ

Proportions pour 4 personnes

◆ 800 g de pommes de terre
◆ 4 gros oignons
◆ 90 g de beurre
◆ 2 gousses d'ail
◆ 1 cuillerée à café de thym effeuillé
◆ 1 bol de bouillon de volaille
(frais ou en tablette)
◆ Muscade, sel poivre

Pommes de terre boulangères

Facile   **Abordable**   **Préparation un peu longue**   **Teneur en calories moyenne**   **Un tavel**

1 Épluchez les pommes de terre, les oignons, émincez ces derniers, lavez les pommes de terre.

2 Faites fondre 50 g de beurre dans une large poêle et mettez-y les oignons à dorer. Surveillez-les afin qu'ils prennent couleur sans brûler.

3 Allumez le four, thermostat 7/8 (230 à 260 °). Coupez les pommes de terre en rondelles.

4 Frottez un plat à four avec les gousses d'ail, beurrez-le et rangez-y, par couches successives : pommes de terre en rondelles, oignons dorés, thym effeuillé, muscade râpée, sel et poivre. Arrosez le tout de bouillon de volaille et parsemez de noisette de beurre.

5 Faites cuire dans le four chaud pendant 45 minutes à 1 heure. Présentez dans le plat de cuisson.

L'avis du chef

◆ Vous pouvez enrichir ce plat en le parsemant, de gruyère râpé et de noisettes de beurre, à mi-cuisson.

Cuisson : 45 minutes environ

Proportions pour 6 personnes

- ◆ 6 grosses pommes de terre
- ◆ 50 g de beurre
- ◆ Sel, poivre
- ◆ Sauce à la ciboulette
- ◆ 125 g de fromage blanc
- ◆ 2 cuil. à soupe de crème
- ◆ 1 bouquet de ciboulette
- ◆ Sel, poivre
- ◆ Aluminium ménager

Pommes de terre au four

| acile | Abordable | Préparation rapide | Teneur en calories élevée | Un beaujolais |

1 Préchauffez le four à 200°, thermostat 6-7, four chaud. Lavez les pommes de terre, épongez-les avec du papier absorbant. Enfermez-les dans des carrés de papier aluminiun.

2 Cuisez au four 40 à 45 minutes. Vérifiez la cuisson en les piquant avec une brochette. Elles doivent être tendres.

3 Pendant ce temps, préparez la sauce à la ciboulette. Battez le fromage blanc à la fourchette. Fouettez la crème. Mélangez-les et ajoutez la ciboulette hachée. Salez et poivrez. Versez dans un bol.

4 Pour servir, dégagez en partie les pommes de terre cuites de leur enveloppe de papier, fendez-les et posez une noisette de beurre dans la fente.

5 Servez-les très chaudes accompagnées de la sauce ciboulette.

L'avis du chef

◆ Préparation moins spectaculaire mais plus rapide et également savoureuse. Lavez soigneusement les pommes de terre, coupez-les en deux dans le sens de la longueur, saupoudrez-les de gros sel, placez-les sur la grille du four et cuisez à four chaud 1/2 heure environ.

Cuisson : 20 minutes environ

Proportions pour 8 personnes

◆ 1 kg de pommes de terre

◆ Huile de friture

◆ Sel

Pommes frites

cile   Bon marché   Préparation rapide   Teneur en calories moyenne   Un minervois

Pelez les pommes de terre. Coupez-les en bâtonnets et versez-les au fur et à mesure dans un grand bol 'eau froide. Faites chauffer l'huile de friture.

Égouttez les pommes de terre, épongez-les avec un linge et plongez-les dans la friture chaude. Cuisez) à 15 minutes. Elles doivent être à peine colorées. etirez-les et égouttez-les puis étalez les pommes paille ir du papier absorbant. Laissez en attente.

Quelques minutes avant de servir, réchauffez l'huile de friture. Plongez les pommes paille dans ce deuxiè-ie bain de friture très chaud et retirez aussitôt qu'elles rennent une belle couleur dorée. Égouttez et épongez à ouveau. Salez et servez aussitôt.

L'avis du chef

◆ Pour des pommes pailles, coupez les pommes de terre en bâtonnets un peu plus épais.

◆ Veillez à ce que les pommes de terre soient refroi-dies avant de les plonger dans le deuxième bain de friture. Elles seront plus gonflées et plus légères.

Cuisson : 40 minutes environ

Proportions pour 6 personnes

- 1 kg de poivrons rouges
- 4 tomates
- 150 g de petits oignons blancs
- 3 gousses d'ail
- 1/2 verre d'huile d'olive
- 1 noix de conc. de tomates
- 1 verre de vin blanc sec
- Thym, laurier
- Sel, poivre

Potée de poivrons rouges

cile   **Abordable**   **Temps de préparation moyen**   **Teneur en calories moyenne**   **Un rosé de Provence**

Lavez les poivrons, essuyez-les et coupez-les en deux. Ôtez la queue et les pépins et détaillez chaque emi-poivrons en lanières. Versez l'huile dans une sauuse et mettez-y à revenir les poivrons sur feu modéré uelques minutes.

Pendant ce temps, plongez les tomates quelques instants dans de l'eau bouillante, épluchez-les et oncassez-les grossièrement. Pelez les petits oignons ancs et pilez les gousses d'ail.

Quand les poivrons ont pris couleur, ajoutez les petits oignons, l'ail pilé et la purée de tomates fraîche. alez, poivrez, aromatisez d'un peu de thym et de laurier niettés et mouillez avec le vin blanc dans lequel vous urez dilué un peu de concentré de tomates. Laissez cuire oucement 25 à 30 minutes à découvert.

Passé ce temps, versez le contenu de la cocotte dans un plat creux et laissez refroidir avant de déguster.

L'avis du chef

◆ Pour rendre les poivrons plus digestibles, faites-les blanchir, une fois coupés en lanières, quelques minutes à l'eau bouillante.

Cuisson : 45 minutes environ

Proportions pour 4 personnes

◆ 1 céleri-rave

◆ 1 citron

◆ 2 jaunes d'œufs

◆ 50 g de gruyère râpé

◆ 2 feuilles d'estragon

◆ 4 cuil. à soupe d'huile d'olive

◆ 1 noisette de beurre

◆ Sel, poivre

Purée de céleri au four

| cile | Abordable | Temps de préparation moyen | Teneur en calories moyenne | Un bourgogne léger |

Épluchez le céleri-rave avec un couteau économe, éliminez les points noirs, détaillez le légume en anches fines et faites-le cuire 30 minutes à l'eau ouillante salée additionnée d'un jus de citron.

Quand le légume est cuit, égouttez-le soigneusement et passez-le à la moulinette pour le réduire en purée.

Mettez cette purée dans un saladier et ajoutez-lui les 2 jaunes d'œufs, l'huile d'olive et les feuilles d'es-agon finement hachées. Salez très légèrement, poivrez garnissez un plat allant au four, préalablement beurré, e cette préparation.

Parsemez la purée de céleri avec le gruyère râpé et mettez à four chaud (220°) environ 15 minutes. En n de cuisson, donnez un coup de gril pour bien colorer ensemble. Servez dans le plat de cuisson.

L'avis du chef

◆ Le céleri-rave est présent sur les marchés de septembre à mars, avec une pointe dans les mois d'hiver. Il faut le choisir lourd à la main.

◆ Ajoutez aux jaunes d'œufs 2 bonnes cuillerées de crème fraîche.

◆ On peut joindre à la purée de céleri une purée d'oignons ou faire entrer pour 1/5e la purée de céleri dans une purée de marrons à laquelle elle donne un parfum exquis.

Cuisson : 30 minutes environ

Proportions pour 4 personnes

◆ 750 g d'épinards
◆ 4 tomates ◆ 2 gousses d'ail
◆ 1/2 verre de vin blanc
◆ 1 noix de conc. de tomates
◆ 40 g de beurre
◆ 1 œuf entier + 2 jaunes
◆ 125 g de farine
◆ 2 cuil. à soupe d'huile d'olive
◆ Thym, laurier
◆ Sel, poivre

Quenelles Viroflay

| ...ssez cile | Bon marché | Temps de préparation moyen | Teneur en calories moyenne | Un côtes-de-bourg |

Plongez les tomates quelques instants dans de l'eau bouillante, mondez-les et concassez-les grossièrement. Versez cette purée dans une petite casserole, ajou...z 2 cuillerées à soupe d'huile d'olive, les gousses d'ail ...lées, un peu de thym et de laurier émiettés. Mouillez ...'un 1/2 verre de vin blanc, délayez le de concentré de ...mates, salez, poivrez et laissez cuire doucement 30 ...inutes.

Triez les feuilles d'épinards, ôtez le plus gros des côtes et lavez soigneusement le légume à plusieurs ...ux. Puis égouttez-les, séchez-les, hachez-les grossière...ent et mettez-les à suer dans une casserole avec une ...elle noix de beurre. Laissez ainsi 15 mn. sur feu très ...ux en remuant de temps en temps. Salez et poivrez.

Faites bouillir 2 dl d'eau dans une petite casserole avec 20 g de beurre et une pincée de sel. À ébullition ...hors du feu, ajoutez d'un seul coup la farine, mélangez ...la spatule et faites dessécher à feu vif. Hors du feu, ...outez l'œuf entier et les deux jaunes en mélangeant ...goureusement. Terminez en ajoutant les épinards.

Confectionnez à la main des petits boudins de cette préparation, roulez-les dans un peu de farine et met...z-les à pocher dans de l'eau salée frémissante. Laissez ...uire 10 minutes environ. Égouttez-les, dressez-les sur ...n plat et nappez-les de sauce tomate et servez .

L'avis du chef
◆ Pour gagner du temps, vous pouvez utiliser des épinards surgelés en branches.

Cuisson : 1 h 15

Proportions pour 4 à 5 personnes

◆ 250 g de courgettes
◆ 250 g d'aubergines
◆ 250 g de tomates
◆ 3 poivrons moyens
◆ 3 oignons
◆ 3 gousses d'ail
◆ 3 cuil. à soupe d'huile d'olive
◆ Thym, laurier
◆ Sel, poivre

Ratatouille

| **cile** | **Abordable** | **Préparation un peu longue** | **Teneur en calories Faible** | **Un rosé de Provence** |

Pelez les aubergines et coupez-les en rondelles de 1 cm d'épaisseur environ. Lavez les courgettes, coupez les extrémités et détaillez-les également en rondelles. Ouvrez les poivrons en deux, videz-les de leurs graines et faites-en de fines lamelles.

Passez les tomates à l'eau bouillante et pelez-les. Épluchez les oignons et coupez-les en fines rondelles. Hachez finement les gousses d'ail.

Dans une cocotte, faites revenir doucement dans l'huile d'olive, les aubergines, les courgettes, les poivrons les oignons. Remuez régulièrement.

Lorsque ces légumes ont pris couleur, ajoutez les tomates coupées en morceaux, l'ail, le thym et le laurier. Mélangez bien le tout, salez et poivrez. Couvrez la cocotte et laissez cuire à feu doux pendant environ une heure.

Passé ce temps, laissez mijoter à découvert pendant 15 minutes afin que le trop plein d'eau des légumes s'évapore et que votre ratatouille réduise convenablement. Versez la ratatouille dans un grand plat en terre à bords élevés. Servez.

L'avis du chef

◆ Évitez de mettre vos légumes à dorer dans une huile d'olive trop chaude. L'arôme de l'huile s'accentue beaucoup trop et perd l'essentiel de sa finesse.

◆ La ratatouille sera également appréciée servie froide, en entrée.

Cuisson : 50 minutes environ

Proportions pour 4 à 5 personnes

◆ 400 g de carottes

◆ 4 œufs

◆ 30 g de beurre

◆ 5 cl de crème fraîche

◆ 1 pincée d'estragon en poudre

◆ Sel, poivre

Soufflé aux carottes

| ssez :cile | Abordable | Temps de préparation moyen | Teneur en calories élevée | Un traminer |

1 Pelez les carottes, détaillez-les en rondelles et mettez-les à cuire à l'eau bouillante salée 30 minutes environ. Lorsque les légumes sont cuits, égouttez-les soigneusement, puis réduisez-les en purée en les écrasant à la fourchette ou mieux, au moulin à légumes.

2 Faites fondre le beurre dans une casserole, ajoutez la purée de carottes, faites-la dessécher à feu vif pendant 2 à 3 minutes en remuant constamment à la cuiller de bois. Poivrez légèrement. Hors du feu, incorporez la crème fraîche et les jaunes d'œufs, (réservez les blancs). Mélangez bien le tout. Aromatisez avec l'estragon.

3 Battez les blancs d'œufs en neige dans un grand saladier avec une pincée de sel ; utilisez un fouet ou mieux encore, un mixer. Cessez l'opération après l'obtention d'une neige très ferme. Incorporez délicatement les blancs d'œufs à la préparation en procédant comme suit : mélangez d'abord 3 à 4 cuillerées de blancs puis ajoutez le reste des blancs en neige.

4 Beurrez généreusement un moule à soufflé et versez-y la préparation. Mettez à cuire à four chaud une vingtaine de minutes. Servez dès la sortie du four dans le plat de cuisson.

L'avis du chef

◆ La confection de cette recette est particulièrement à conseiller à la saison des carottes nouvelles, qui donnent une légèreté incomparable au soufflé.

Cuisson : 45 minutes environ

Proportions pour 4 personnes

- 1 kg d'asperges
- 4 œufs
- 70 g de beurre
- 2 cuil. à soupe de farine
- 1/4 litre de lait
- Noix de muscade
- Sel, poivre

Soufflé aux pointes d'asperges

Assez facile

Abordable

Temps de préparation moyen

Teneur en calories moyenne

Un pouilly fumé

1 Épluchez soigneusement les asperges avec un couteau du genre " économe " et coupez les tiges très largement à la base (1/3 environ de la longueur totale). Mettez-les à cuire à l'eau bouillante salée pendant 20 minutes. Puis égouttez-les et coupez-les en très petits morceaux.

2 Faites fondre 50 g de beurre à feu doux, dans une casserole et jetez-y les morceaux d'asperges. Saupoudrez de farine, remuez délicatement à la cuiller de bois pour obtenir un roux blanc (il ne faut pas que la farine prenne couleur), puis versez le lait. Tournez doucement la préparation et laissez cuire à feu très doux 3 à 4 minutes. Salez légèrement, poivrez, muscadez.

3 Ôtez du feu, cassez les œufs et incorporez les jaunes au mélange (réservez les blancs).

4 Dans un saladier, montez les blancs d'œufs en neige très ferme jusqu'à ce qu'ils collent au fouet. Amalgamez peu à peu les blancs montés à la préparation. Beurrez largement un moule à soufflé, versez-y le mélange et mettez à cuire à four chaud (environ 220°) pendant une vingtaine de minutes.

5 Lorsque le soufflé est bien gonflé, servez immédiatement (on ne démoule jamais un soufflé).

L'avis du chef

◆ Déposez une pincée de sel au fond du plat avant d'y mettre les blancs d'œufs : les blancs une fois battus tiendront mieux. Pour vérifier s'ils sont suffisamment battus basculez le plat: ils ne doivent pas tomber !

Cuisson : 1 heure 15

Proportions pour 6 personnes

◆ 1 kg d'aubergines

◆ 150 g de fromage blanc

◆ 220 g de farine

◆ 2 œufs

◆ 110 g de beurre

◆ 3 cuillerées à soupe d'huile

◆ Sel, poivre

Tarte aux aubergines

Facile   Abordable   Temps de préparation moyen   Teneur en calories élevée   Un rosé de Provence

1 Confectionnez une pâte brisée en mélangeant dans un saladier la farine, 1 œuf entier, le beurre. Ajoutez une pincée de sel et travaillez la pâte en mouillant avec un peu d'eau. Laissez reposer 1 heure.

2 Pelez les aubergines et mettez-les à cuire coupées en rondelles à la cocotte, dans l'huile chaude. Salez, poivrez et laissez environ 40 minutes, récipient découvert.

3 Écrasez dans une terrine le fromage blanc, ajoutez 1 œuf battu en omelette, salez légèrement, poivrez et travaillez bien cette préparation.

4 Quand les aubergines sont cuites, laissez-les tiédir, puis ajoutez-les à la préparation au fromage. Remuez soigneusement le tout.

5 Étalez la pâte au rouleau et tapissez-en un moule à tarte. Piquez le fond à la fourchette en divers endroits, recouvrez le fond et les bords de papier d'aluminium et mettez à précuire à four modéré (160°) 15 minutes.

6 Passé ce temps, garnissez la pâte de la préparation et mettez à cuire à four chaud (220°) 15 à 20 minutes. Servez chaud ou tiède.

L'avis du chef

◆ Pour éviter qu'elles n'absorbent trop d'huile, passez les tranches d'aubergines dans du blanc d'œuf avant de les mettre dans la poêle.

Cuisson : 50 minutes environ

Proportions pour 6 personnes

◆ 1 kg d'épinards

◆ 1 bloc de pâte feuilletée surgelée

◆ 2 pommes de terre moyennes

◆ 150 g de poitrine fumée

◆ 2 cuil. à soupe de crème fraîche

◆ 100 g de gruyère râpé

◆ 1 œuf

◆ 1 noix de beurre

◆ Sel, poivre

Tarte aux épinards

| Facile | Abordable | Temps de préparation moyen | Teneur en calories élevée | Un madiran |

1 Mettez les pommes de terre à cuire 20 minutes à l'eau bouillante salée.

2 Lavez les épinards, éliminez les queues et mettez-les à cuire à l'eau bouillante salée 5 minutes après la reprise de l'ébullition.

3 Détaillez la poitrine fumée en petits dés et mettez-les à revenir quelques minutes à la poêle dans une noix de beurre.

4 Réduisez les pommes de terre cuites en purée et ajoutez-leur les épinards égouttés que vous aurez pressés fortement entre vos mains afin d'en extraire le maximum d'eau. Versez les lardons sur le tout, incorporez la crème fraîche, l'œuf et mélangez soigneusement le tout. Poivrez.

5 Quand le bloc de pâte est prêt à l'emploi, étalez-le et tapissez-en le moule à tarte. Versez la garniture, parsemez avec le râpé et mettez à cuire 25 à 30 minutes à four moyen (environ 180°). Servez chaud ou tiède.

L'avis du chef

◆ Ne jetez pas les feuilles d'épinards trempées d'eau froide dans l'eau bouillante : tamponnez-les avec du papier absorbant ou donnez-leur quelques tours d'essoreuse à salade. Si leur volume est trop important pour votre casserole faites rapidement gicler de l'eau bouillante dessus à l'aide d'une écumoire.

Cuisson : 50 minutes environ

Proportions pour 6 personnes

◆ 1 poivron
◆ 1 bloc de pâte brisée surgelée
◆ 2 aubergines
◆ 2 courgettes
◆ 2 oignons
◆ 2 tomates
◆ Thym, laurier
◆ 5 cuil. à soupe d'huile d'olive
◆ Sel, poivre

Tarte à la niçoise

Assez facile

Abordable

Temps de préparation moyen

Teneur en calories moyenne

Un rosé de Provence

1 Pelez les aubergines, les courgettes et les oignons et détaillez-les en fines rondelles. Lavez 1 beau poivron, éliminez la queue et les pépins et coupez-le en lanières.

2 Faites chauffer l'huile d'olive dans une casserole et jetez-y tous ces légumes à blondir.

3 Plongez les tomates quelques instants dans de l'eau bouillante, épluchez-les et concassez-les grossièrement.

4 Quand les légumes commencent à prendre couleur, ajoutez-leur la purée de tomates fraîches, les gousses d'ail pilées et aromatisez avec thym et laurier. Salez, poivrez et laissez mijoter 25 à 30 minutes à découvert.

5 Étalez la pâte brisée dégelée et garnissez-en un grand moule à tarte. Recouvrez la pâte de papier d'aluminium, bords compris et mettez à précuire 20 minutes à four moyen (environ 180°).

6 Quand les légumes sont cuits, éliminez le trop-plein de liquide s'il y a lieu et garnissez-en la pâte précuite. Remettez à four moyen (environ 180°) une quinzaine de minutes. Servez tiède ou froid.

L'avis du chef

◆ Vous pouvez utiliser de cette manière un reste de ratatouille ou une ratatouille surgelée (par vous-même ou achetée dans le commerce).

Cuisson : 1 heure

Proportions pour 6 personnes

◆ 500 g de pommes de terre
◆ 1 bloc de pâte brisée surgelée
◆ 1 tablette de concentré de volailles
◆ 1 verre de lait
◆ 1 petit pot de crème fraîche
◆ 2 œufs
◆ 1 noix de beurre
◆ 50 g de gruyère râpé
◆ Estragon
◆ Sel, poivre

Tarte à la Parmentier

Facile

Abordable

Temps de préparation moyen

Teneur en calories élevée

Un beaujolais

1 Laissez le bloc de pâte brisée dégeler 2 heures 30 à température ambiante.

2 Épluchez les pommes de terre et mettez-les à cuire 20 minutes à l'eau bouillante salée dans laquelle vous aurez ajouté une tablette de concentré de bouillon de volailles.

3 Quand les pommes de terre sont cuites, passez-les à la moulinette dans un saladier et ajoutez à la purée le lait bouillant, la crème fraîche, les œufs et une noix de beurre. Aromatisez d'un peu d'estragon haché, poivrez et mélangez soigneusement le tout.

4 Une fois la pâte dégelée, étalez-la au rouleau et tapissez-en un moule à tarte. Piquez en divers endroits à la fourchette, recouvrez de papier d'aluminium et mettez la pâte à précuire 15 minutes à four moyen (env. 180°).

5 Passé ce temps, ôtez le papier d'aluminium, garnissez la pâte de la préparation aux pommes de terre, parsemez de gruyère râpé et mettez à cuire 20 à 25 minutes à four moyen (environ 180°). Laissez tiédir un peu avant de servir.

L'avis du chef

◆ Pour cette recette, employez des pommes de terre hollandaises à chair jaune du type " bintje ". Les espèces de qualité supérieure qui conviennent également sont les pommes de terre de Noirmoutier (ou des îles avoisinantes) ou encore l'espèce " urgenta ". Elles sont assez fermes, moins farineuses que les précédentes mais très moelleuses.

Cuisson : 30 minutes environ

Proportions pour 6 personnes

◆ 200 g de girolles

◆ 1 bloc de pâte feuilletée surgelée

◆ 80 g de beurre

◆ 40 g de farine

◆ 2 verres de lait

◆ 100 g de gruyère râpé

◆ Sel, poivre

Tartelettes aux girolles

Assez facile

Abordable

Temps de préparation moyen

Teneur en calories moyenne

Un traminer

1 Laissez le bloc de pâte feuilletée dégeler à température ambiante en vous conformant aux indications portées sur l'emballage.

2 Débarrassez les girolles de leur pied terreux, passez-les rapidement à l'eau et séchez-les sur du papier absorbant puis détaillez-les en lamelles. Faites fondre une noix de beurre dans une poêle et faites-y dorer les champignons quelques minutes en les remuant de temps en temps à la spatule de bois. Salez et poivrez.

3 Faites fondre 50 g de beurre dans une casserole et ajoutez 30 g de farine. Faites cuire quelques instants sur feu doux en remuant à la cuiller de bois, puis versez le lait peu à peu. Salez, poivrez, laissez cuire 5 minutes sans cesser de tourner. Ajoutez alors la moitié du gruyère râpé et laissez encore 3 à 4 minutes sur le feu. Hors du feu, incorporez les girolles à la sauce.

4 Étalez la pâte au rouleau, sur une planche à pâtisserie légèrement farinée. Découpez des ronds de pâte un peu plus grands que le diamètre des moules (utilisez des moules d'environ 10 cm de diamètre). Beurrez les moules, tapissez-les de pâte. Garnissez la pâte de papier aluminium afin d'éviter la déformation en cours de cuisson. Mettez-les 10 minutes à four chaud.

5 Garnissez les tartelettes de la préparation aux girolles, parsemez du restant de gruyère râpé et faites gratiner à four chaud une dizaine de minutes. Démoulez les tartelettes et servez immédiatement.

Cuisson : 30 minutes environ

Proportions pour 4 personnes

◆ 3 carottes
◆ 6 poireaux
◆ 1 cœur de céleri ◆ 3 tomates
◆ 1 gousse d'ail ◆ 2 échalotes
◆ 1 tranche de mie de pain
◆ 1/2 verre de lait écrémé
◆ 1 œuf entier ◆ 1 noisette de beurre
◆ 2 jaunes d'œufs
◆ 1 cuil. à soupe d'huile
◆ Thym, laurier ◆ Sel, poivre

Timbales de légumes en sauce tomate

acile

Bon
marché

Temps de
préparation
moyen

Teneur en
calories
Faible

Un anjou
rouge

1 Confectionnez une sauce à la tomate comme suit : épluchez les tomates, concassez-les grossièrement et versez cette purée dans une petite casserole avec les chalotes finement hachées, la gousse d'ail pilée, l'huile t 1 verre d'eau. Aromatisez d'un peu de thym et de laurier, salez, poivrez, et laissez cuire doucement 0 minutes.

2 Épluchez les carottes, lavez les poireaux (ne conservez que les blancs) et le cœur de céleri, séchez les égumes, puis hachez-les ensemble finement.

3 Faites fondre un peu de beurre dans une casserole et mettez le hachis de légumes à suer à feu doux une quinzaine de minutes. Remuez de temps en temps à la uillère de bois. Salez, poivrez. Les légumes ne doivent lus comporter d'eau de végétation.

4 Passé ce temps, ajoutez hors du feu au contenu de la casserole l'œuf entier, 2 jaunes et la mie de pain préablement trempée dans le lait puis essorée. Mélangez oigneusement le tout et remettez à cuire quelques insants sur feu très doux.

5 Remplissez de cette préparation des petits moules à baba légèrement beurrés, placez-les dans un plat reux allant au four rempli d'eau chaude, et laissez cuire à four moyen au bain-marie environ 15 minutes.

6 Quand les timbales sont cuites, démoulez-les, retournez-les sur un plat de service, et nappez-les d'un peu e sauce à la tomate. Présentez le reste en saucière.

Cuisson : 20 minutes environ

Proportions pour 6 personnes

◆ 6 belles tomates entières à maturité parfaite

◆ 6 cuil. à café rases de sucre en poudre

◆ 150 g de lard de poitrine haché

◆ 6 gousses d'ail

◆ Herbes : ciboulette, persil, sariette

◆ 6 cuil. à soupe d'huile d'olive

◆ Sel, poivre

Tomates à la Clodion

acile   **Bon marché**   **Préparation rapide**   **Teneur en calories moyenne**   **Un gamay de Touraine**

1 Faites cuire les tomates entières au gril du four, à 20-25 cm du plafond rayonnant, en les retournant de emps en temps avec 2 spatules de bois, afin que la cuisson soit bien régulière.

2 Quand la cuisson semble à point, inciser chaque tomate en croix, sur le sommet et introduisez 1 cuillerée à café de sucre. Remettre au gril quelques instants.

3 Pendant la cuisson des tomates, faites revenir à la poêle, dans de l'huile d'olive, un hachis de lard et 'herbes, assaisonnez.

4 Nappez les tomates au moment de servir.

L'avis du chef

◆ On trouve maintenant des tomates toute l'année mais elles sont nettement plus savoureuses en plein été. Choisissez-les bien fermes.

INDEX REPÈRE

Entrée

PHOTOGRAPHIES

COMPAGNIE SAINT FERDINAND
EDITIONS PHILIPPE AUZOU, pp. 10, 22, 60
ROYALTIES LICENTIE MAATSCHAPPIJ

Imprimé en France - Publiphotoffset, 93500 Pantin - Décembre 1997
Printed in France